Éditions Usborne

Ma première encyclopédie des dinosaures et du monde préhistorique

Sam Taplin

Maquette : Keith Newell et Mark Franklin

Illustrations : David Hancock

Conseiller : Michael Benton

Pour l'édition française :

Traduction : Muriel de Grey

Rédaction : Renée Chaspoul et Carla Brown

Utilisation des liens Internet

Il existe sur Internet une foule de sites passionnants sur les dinosaures. Cet ouvrage propose des descriptions de sites que tu peux visiter en cliquant sur les liens du site Quicklinks des éditions Usborne. Il suffit de te connecter sur **www.usborne-quicklinks.com/fr**.

Voici certaines des choses que tu pourras faire sur les sites sélectionnés dans cet ouvrage :

- Voir des clips vidéo d'un Stegosaurus en marche et de reptiles marins préhistoriques
- Te documenter sur le mammouth laineux
- Savoir si le Tyrannosaurus courait vraiment aussi vite qu'on le dit
- Te renseigner sur la disparition des dinosaures

Sécurité sur Internet

Voici quelques conseils à suivre pour naviguer sur Internet en toute sécurité.

- Demande la permission à un adulte de ton entourage avant de te connecter sur Internet.
- Ne divulgue jamais de données personnelles comme ton vrai nom, ton adresse ou ton numéro de téléphone.
- N'accepte jamais de rencontrer une personne avec qui tu as communiqué via Internet.
- Si un site Web te demande de t'inscrire ou de donner ton nom ou ton adresse e-mail, consulte une grande personne de ton entourage auparavant.
- Si tu reçois un e-mail d'une personne que tu ne connais pas, consulte un adulte. Ne réponds pas.

Images téléchargeables

Les images marquées du symbole (★) peuvent être téléchargées pour ton usage personnel, par exemple pour un dossier scolaire ou des devoirs. Elles ne doivent pas être utilisées à des fins commerciales ou lucratives. Pour les trouver, va sur **www.usborne-quicklinks.com/fr** et suis les instructions qui sont données.

Disponibilité des sites

Les sites proposés sont régulièrement vérifiés et les liens mis à jour. Il arrive qu'un site soit indisponible. Cette indisponibilité est peut-être temporaire et tu peux essayer de te connecter plus tard. Dans le cas contraire, nous essaierons de t'en proposer un nouveau. Tu trouveras une liste de liens à jour sur le site Quicklinks des éditions Usborne.

Matériel informatique

Tu peux accéder aux sites Web recommandés dans cet ouvrage avec un ordinateur personnel standard et un navigateur (c'est un logiciel qui permet à l'ordinateur d'afficher les informations disponibles sur Internet). Certains sites nécessitent des programmes supplémentaires, appelés modules externes ou plug-ins, qui permettent de restituer de la vidéo, des animations ou du son. Dans ce cas, un message s'affichera ainsi qu'un bouton permettant de télécharger le module externe en question. Tu peux aussi télécharger le module en allant sur le site Quicklinks des éditions Usborne et en cliquant sur le lien « Besoin d'aide ? ». Pour accéder au site Web de téléchargement des différents modules, il suffit de cliquer sur le lien correspondant.

Note pour les parents

Tous les sites Web proposés dans cet ouvrage sont régulièrement revus et les liens mis à jour. Toutefois, le contenu d'un site peut changer à tout moment et les éditions Usborne ne sauraient être tenues responsables du contenu de sites Web autres que le leur. Nous recommandons aux adultes d'encadrer les jeunes enfants lorsqu'ils consultent Internet, de ne pas les laisser utiliser les salles de discussion (chat rooms) et d'utiliser un système de filtrage afin de bloquer l'accès à tout site indésirable. Veillez à ce que vos enfants respectent les règles de sécurité indiquées à gauche et dans la section « Besoin d'aide ? » de notre site Quicklinks.

IL N'EST PAS OBLIGATOIRE D'AVOIR UN ORDINATEUR

Tel quel, cet ouvrage de référence est complet et ne nécessite aucun auxiliaire.

Sommaire

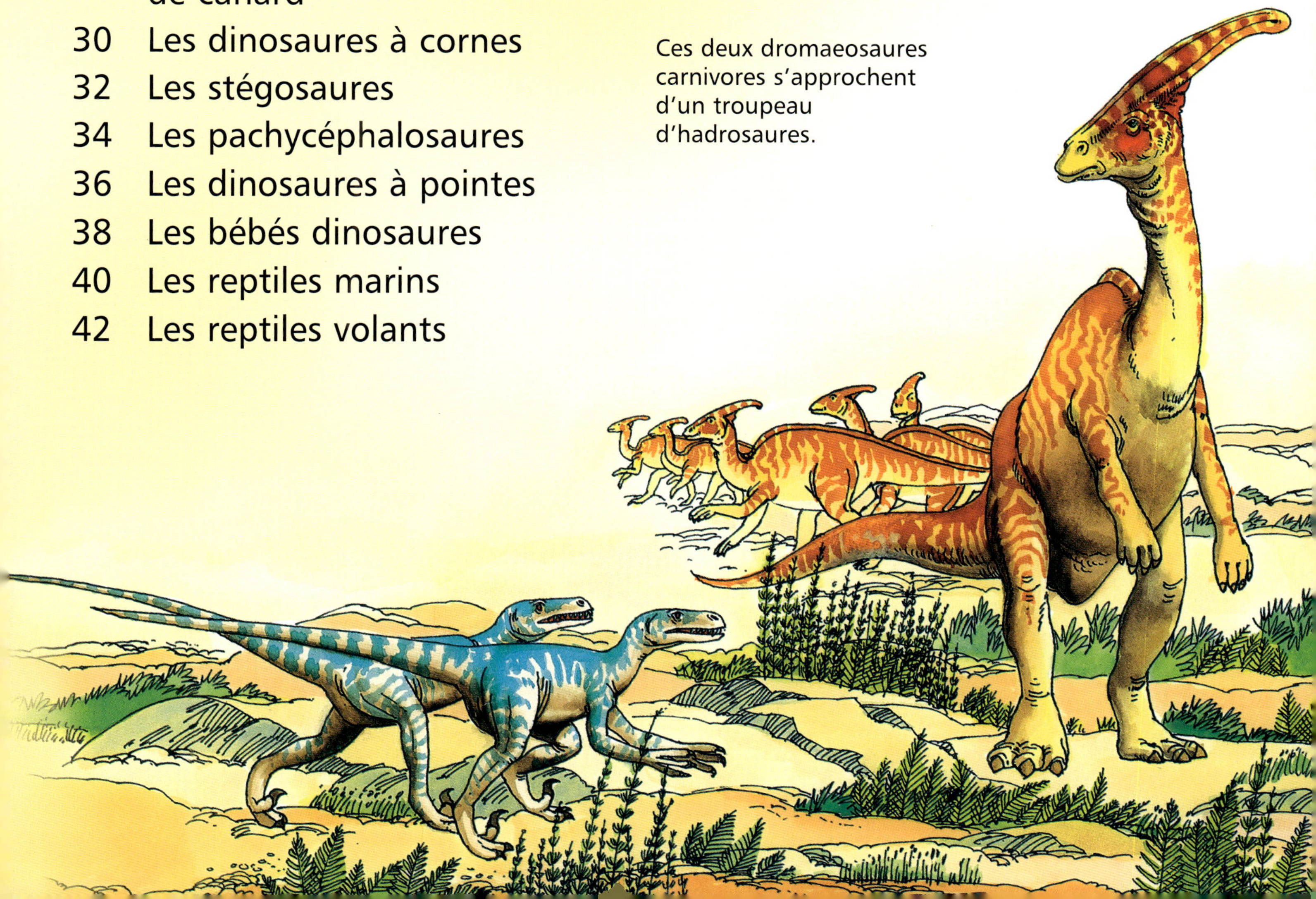

Ces deux dromaeosaures carnivores s'approchent d'un troupeau d'hadrosaures.

Le monde préhistorique

Les animaux sont apparus sur la Terre bien avant les hommes. Ces animaux sont qualifiés de préhistoriques. Les plus connus d'entre eux sont les dinosaures.

Cette image montre à quelle époque vivaient les différentes familles d'animaux préhistoriques. Elle indique aussi à quelle page trouver d'autres informations.

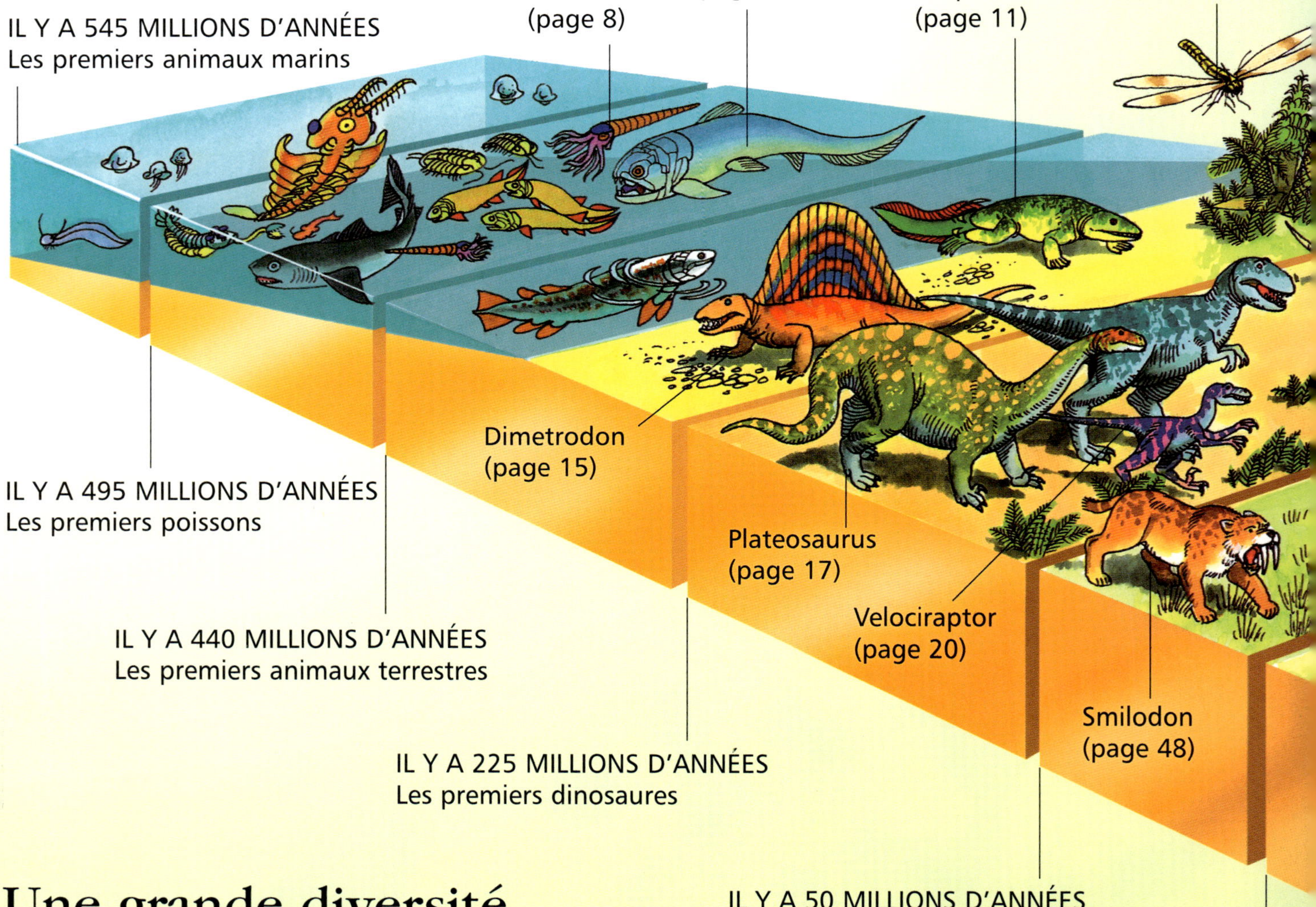

Une grande diversité

L'aspect et la taille des dinosaures variaient beaucoup. Certains comptent parmi les plus grandes créatures qui aient jamais existé, d'autres ne dépassaient pas la taille d'une poule. Il existait des herbivores placides et de féroces carnivores qui chassaient les autres dinosaures.

Les autres animaux

De nombreux autres animaux vivaient à l'époque des dinosaures. Certains, aux ailes formées d'une membrane, peuplaient les airs. D'autres vivaient dans les profondeurs de la mer. On trouvait aussi des crocodiles, des tortues, des insectes et de petits animaux à fourrure.

Les crocodiles actuels ressemblent beaucoup à ceux des temps préhistoriques.

Selon les époques

Les animaux préhistoriques varient selon les époques. Avec le temps, de nouvelles espèces apparaissent, tandis que d'autres disparaissent. La plupart des espèces préhistoriques ont disparu il y a des millions d'années, mais certains des animaux actuels, tels que les tortues, ont à peine changé depuis les temps préhistoriques.

Liens Internet

Un parc à remonter le temps : la visite d'un parc de préhistoire. Pour le lien vers ce site, connecte-toi sur : **www.usborne-quicklinks.com/fr**

Les origines de la Terre

Les scientifiques pensent que la Terre s'est formée il y a 4,6 milliards d'années. Elle est restée inhabitée pendant des millions d'années. Ce n'était qu'une boule rocheuse aride.

1. La Terre s'est formée à partir de poussières et de gaz tourbillonnant autour du Soleil.

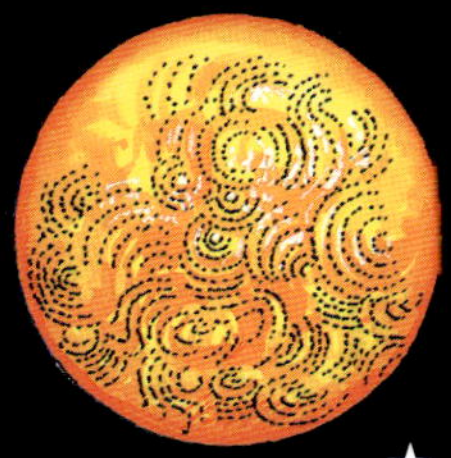

2. Ce nuage de gaz a chauffé à tel point qu'il s'est transformé en une boule de roche liquide.

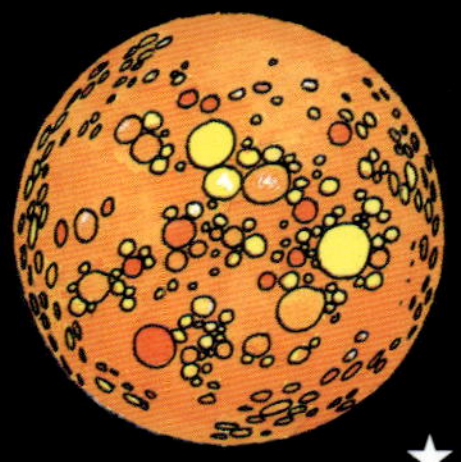

3. Lentement, cette roche s'est refroidie. Une couche de roche solide s'est formée à l'extérieur.

Pendant des millions d'années, la Terre a été bombardée par des météorites, d'énormes morceaux de roche venus de l'espace. Voici l'aspect qu'elle devait avoir à cette époque.

Les volcans déversaient sur la surface de la Terre de la roche liquide chauffée au rouge (lave).

Les premiers océans

D'épais nuages enveloppaient la Terre. Il y a environ 3,5 milliards d'années, la pluie s'est mise à tomber. Il a plu incessamment pendant des milliers d'années. C'est ainsi que les océans et les rivières se sont formés.

Liens Internet

Une animation sur le déplacement des continents à travers le temps. Pour le lien vers ce site, connecte-toi sur : **www.usborne-quicklinks.com/fr**

Les premiers êtres vivants

La vie a commencé dans les océans. Les premiers êtres vivants étaient extrêmement petits et primitifs. Ils ressemblaient un peu aux microbes. Très lentement, ils ont évolué et sont devenus plus grands et plus complexes.

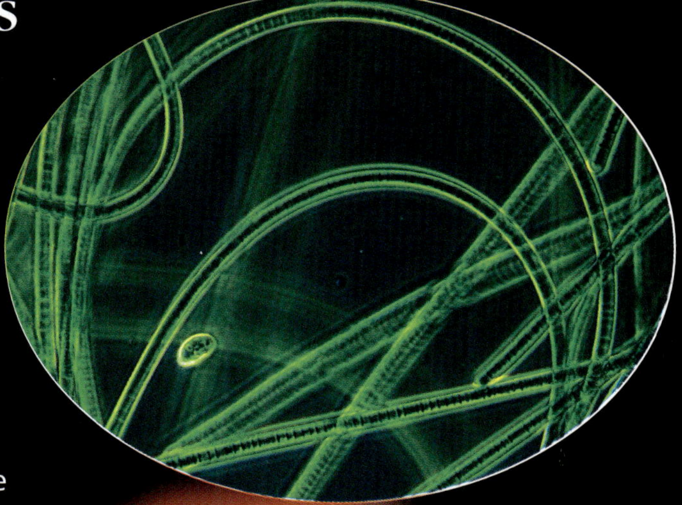

Il y a 545 millions d'années, les mers étaient déjà peuplées de végétaux et d'animaux. Les cyanobactéries comme celles-ci sont parmi les premiers végétaux.

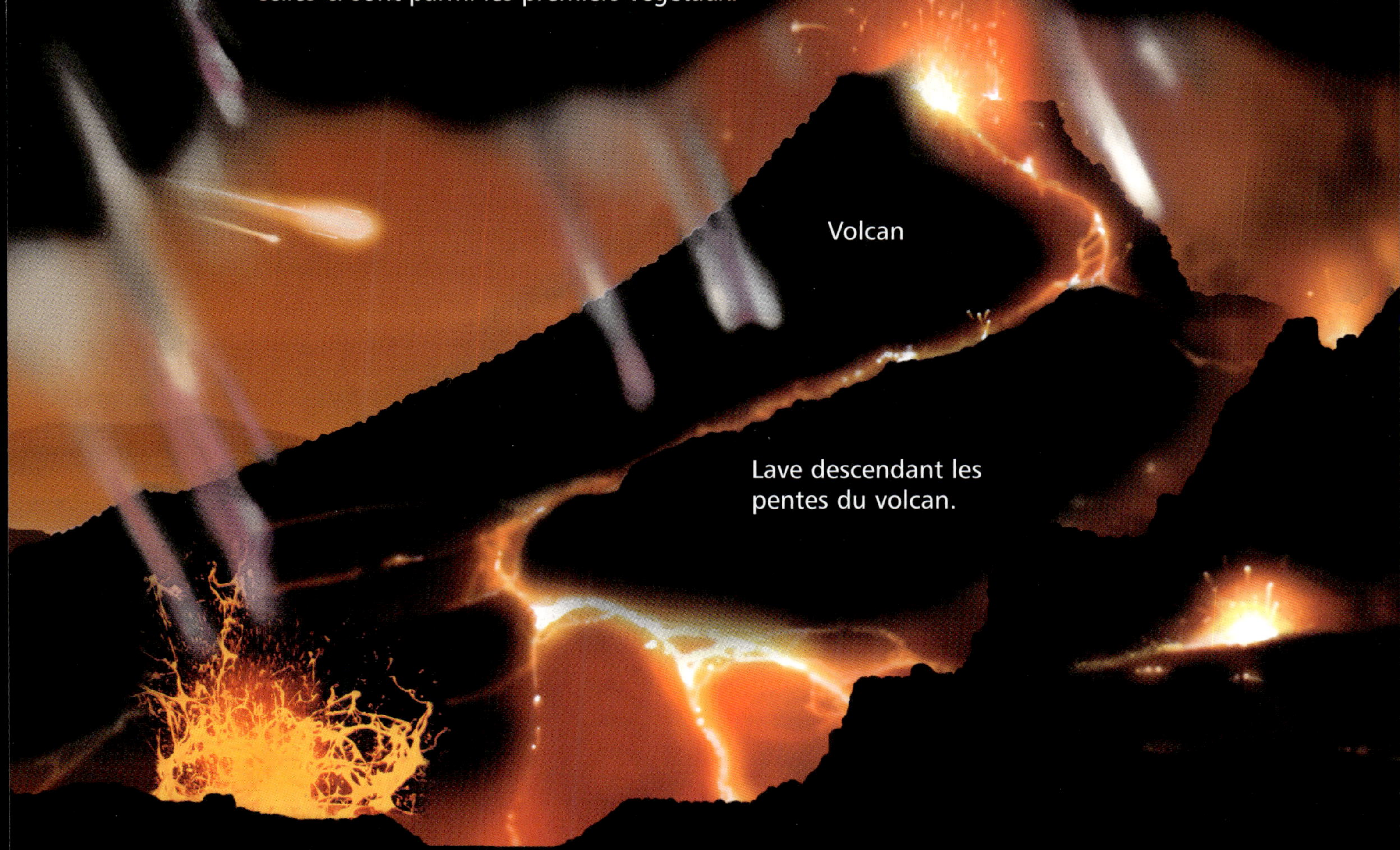

Une lente évolution

À l'époque préhistorique, la Terre présentait un aspect très différent. À travers le temps, les terres émergées se sont déplacées : il y a 250 millions d'années, elles ont fini par former un grand continent appelé Pangée.

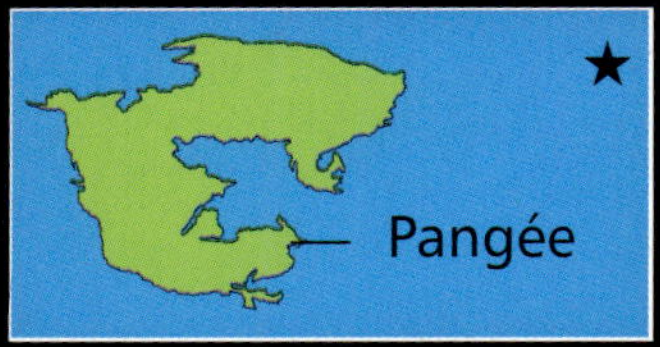

Il y a 250 millions d'années, la Terre formait un vaste continent, la Pangée.

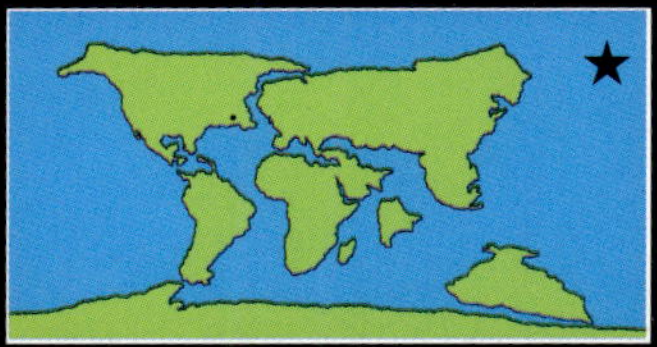

Ensuite, la Pangée s'est disloquée. Voici l'aspect de la Terre il y a 60 millions d'années.

Sous les mers

Il y a 545 millions d'années, les océans fourmillaient de centaines d'animaux étonnants. Certains d'entre eux ne ressemblaient en rien aux animaux actuels.

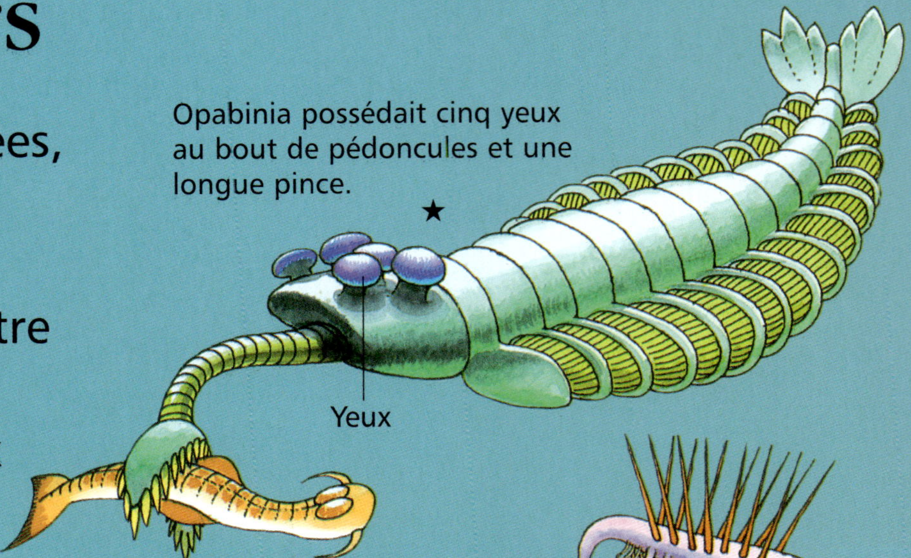

Opabinia possédait cinq yeux au bout de pédoncules et une longue pince.

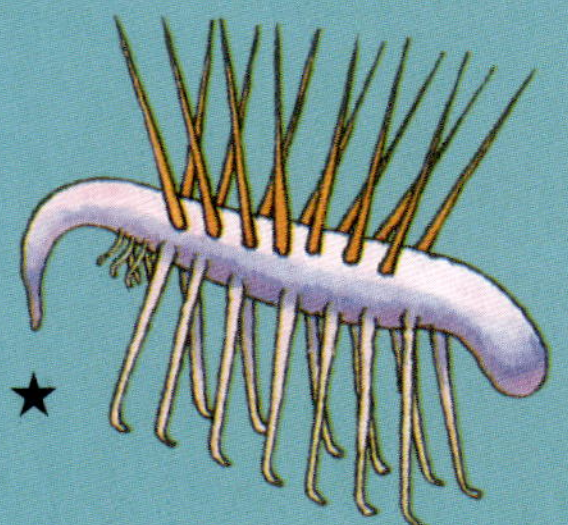

Hallucigenia repoussait les prédateurs avec ses longues pointes.

Les animaux des océans

Les océans étaient peuplés d'une foule d'animaux différents. Des escargots de mer, des étoiles de mer et des créatures à coquille vivaient sur le fond, tandis que scorpions de mer et autres animaux évoluaient dans l'eau.

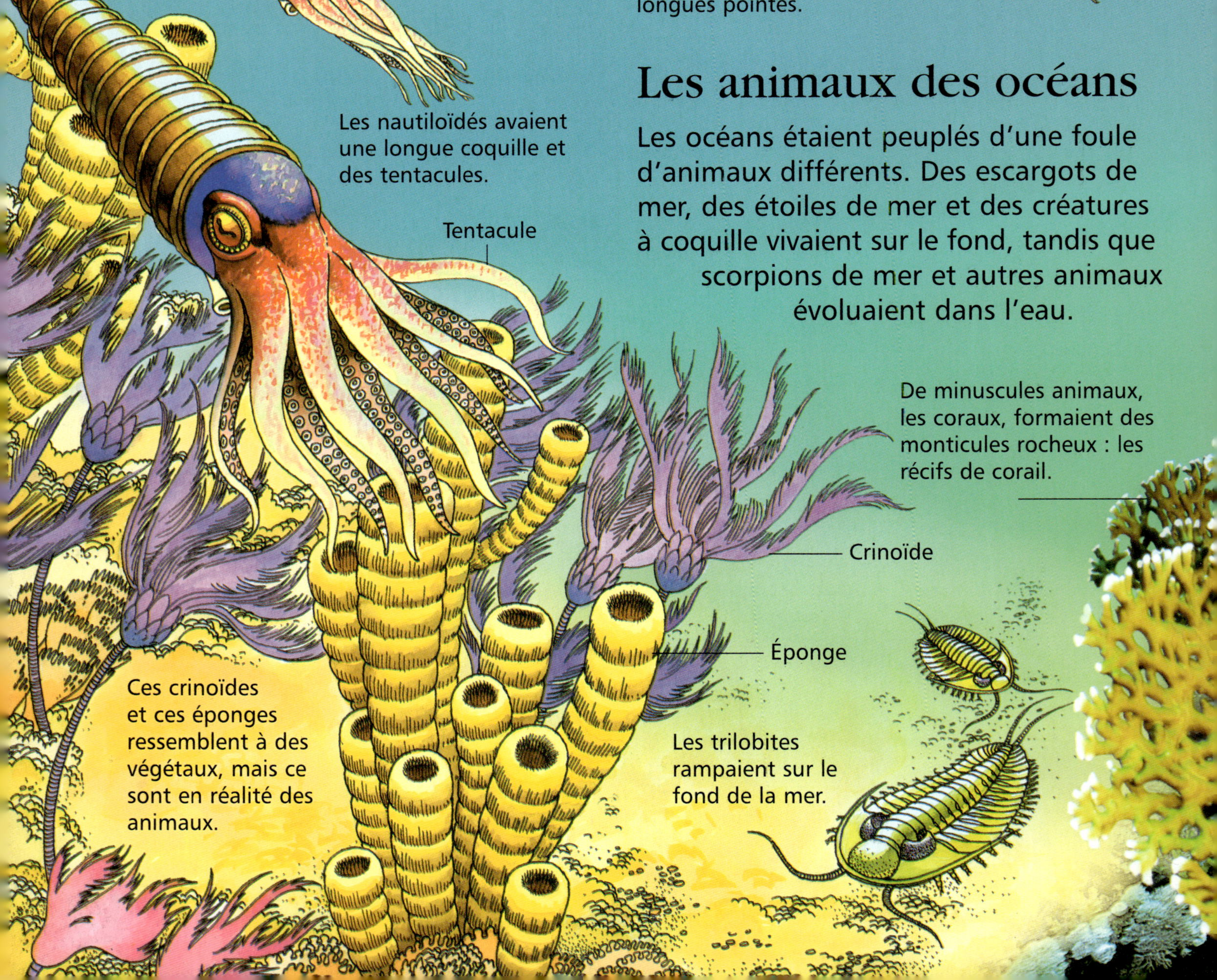

Les nautiloïdés avaient une longue coquille et des tentacules.

De minuscules animaux, les coraux, formaient des monticules rocheux : les récifs de corail.

Ces crinoïdes et ces éponges ressemblent à des végétaux, mais ce sont en réalité des animaux.

Les trilobites rampaient sur le fond de la mer.

Premiers poissons

Au début, les poissons n'avaient ni mâchoires ni dents. Ils aspiraient leur nourriture au fond de la mer. Plus tard, ayant acquis des mâchoires puissantes aux dents acérées, ils ont pu absorber d'autres aliments.

Prédateurs sans pitié

Certains animaux marins étaient des prédateurs habiles qui se nourrissaient d'autres animaux. Ces proies étaient protégées par des coquilles résistantes, des écailles et des épines.

Liens Internet

La faune de Burgess, un site préhistorique au Canada. Pour le lien vers ce site, connecte-toi sur : **www.usborne-quicklinks.com/fr**

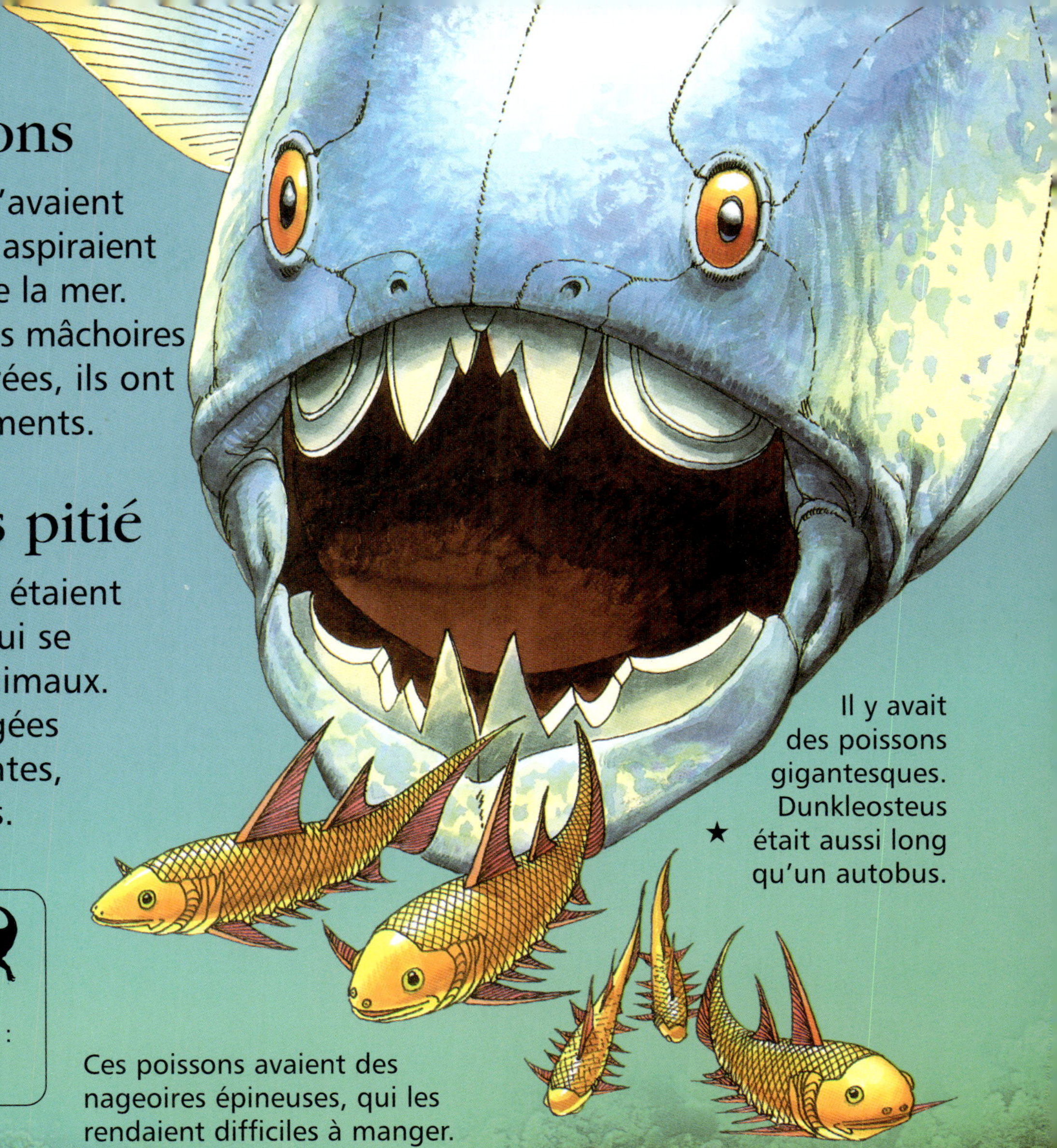

★ Il y avait des poissons gigantesques. Dunkleosteus était aussi long qu'un autobus.

Ces poissons avaient des nageoires épineuses, qui les rendaient difficiles à manger.

Le scorpion de mer était l'un des prédateurs les plus meurtriers. Il attrapait ses proies avec ses pinces acérées.

Sur la terre ferme

Pendant des millions d'années, la terre ferme est restée déserte. Les premiers végétaux et animaux y sont apparus il y a 440 millions d'années.

Asteroxylon possédait des tiges droites et épaisses couvertes de feuilles écailleuses.

Les végétaux terrestres

Les premiers végétaux qui sont apparus sur la terre ferme avaient besoin de beaucoup d'eau. Ils poussaient dans des endroits marécageux et humides, près de la mer. Puis ils se sont adaptés à un sol plus sec et ont colonisé d'autres lieux.

Ces deux pages représentent certains des premiers végétaux et animaux terrestres.

Comme bien des premiers végétaux, Rhynia n'avait pas de feuilles.

La terre et l'eau

Certains poissons des eaux peu profondes possédaient deux grosses nageoires à l'avant et deux autres à l'arrière. Au fil du temps, ces nageoires se sont transformées en pattes, donnant naissance aux amphibiens.

On voit ici comment les nageoires d'un poisson se sont transformées peu à peu en pattes. Cette évolution a pris des millions d'années.

Poisson préhistorique doté de quatre nageoires puissantes. Il s'appuyait sur celles de devant pour sortir sa tête de l'eau.

Les animaux terrestres

Avec l'apparition de végétaux sur la terre ferme, les animaux y trouvent désormais de quoi se nourrir. Parmi les premiers terrestres : escargots, araignées, mille-pattes et insectes.

Des forêts marécageuses

Il y a environ 350 millions d'années, la Terre était en grande partie recouverte de marécages. Cette humidité convenait bien aux végétaux. De vastes forêts d'arbres géants se mirent à pousser.

Dans les marécages

Les forêts regorgeaient d'énormes insectes et araignées. Des libellules géantes, les premiers animaux ailés, volaient parmi les arbres. Beaucoup d'autres animaux, les amphibiens, vivaient là aussi.

Cette scène représente la flore et la faune d'une forêt marécageuse.

D'énormes araignées tissaient des toiles pour attraper les insectes.

Des mille-pattes géants vivaient dans les feuilles sur le tapis forestier.

Ophiderpeton, un amphibien, ressemblait à un serpent.

De gros amphibiens féroces comme Pholidogaster vivaient dans les marécages, où ils chassaient les poissons.

Diplocaulus, un amphibien à la tête dotée de nageoires étranges

Liens Internet

Une animation sur la formation du charbon. Pour le lien vers ce site, connecte-toi sur :
www.usborne-quicklinks.com/fr

La formation du charbon

Les végétaux morts ainsi que les arbres renversés accumulés sur le tapis forestier disparaissent très lentement sous des couches de boue. Sous le poids de celles-ci, ils sont compressés et, au bout de plusieurs millions d'années, se transforment en charbon.

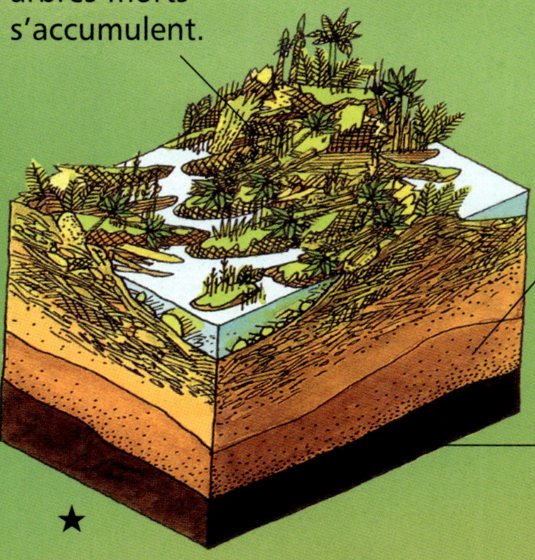

Ci-contre, la formation du charbon

Les premiers reptiles

Il y a 300 millions d'années, des animaux, les reptiles, vivaient sur la terre ferme. Ils pouvaient y demeurer, au contraire de leurs prédécesseurs, qui devaient retourner régulièrement dans l'eau.

Hylonomus, un des premiers reptiles, ressemble à un lézard.

Liens Internet

Des informations sur Dimetrodon, dont une belle photo de son squelette. Pour le lien vers ce site, connecte-toi sur : **www.usborne-quicklinks.com/fr**

Qu'est-ce qu'un reptile ?

Les reptiles existent encore aujourd'hui. Leur peau écailleuse est résistante et ils ont le sang froid ; cela signifie que leur corps ne produit pas de chaleur. Ils ont donc besoin du soleil, dont ils tirent chaleur et énergie. Les tortues et les lézards sont des reptiles.

À gauche, un iguane, un lézard actuel d'Amérique du Sud

Tous les reptiles pondent des œufs. Voici une jeune tortue sortant de son œuf.

Toutes sortes de reptiles

Certains des premiers reptiles ressemblaient à ceux d'aujourd'hui, mais d'autres étaient très différents. Ils étaient parfois grands et puissants, parfois petits, avec un corps grêle. Certains se nourrissaient de végétaux, d'autres d'animaux.

Moschops, un reptile herbivore de la taille d'un hippopotame

Lycaenops, un petit reptile véloce qui chassait en meute.

Dimetrodon possédait une grande voile formée d'os et de peau sur le dos. Elle lui servait peut-être à absorber la chaleur du soleil.

Grandes dents acérées pour déchirer la chair.

Les premiers dinosaures

Les premiers dinosaures, une nouvelle sorte de reptile, sont apparus sur la Terre il y a 225 millions d'années.

De longues pattes

Les pattes des dinosaures étaient beaucoup plus longues et plus puissantes que celles des autres reptiles préhistoriques. Certains d'entre eux couraient donc très vite.

★ La plupart des reptiles sont dotés de petites pattes attachées sur les côtés.

★ Les dinosaures se tenaient dressés sur leurs pattes postérieures, qui étaient longues et puissantes.

Les premiers carnivores

Les premiers dinosaures, des carnivores, couraient vite. Leurs bras courts et puissants étaient armés de griffes acérées avec lesquelles ils attaquaient les autres animaux.

Herrerasaurus, l'un des premiers dinosaures

Herrerasaurus, un carnivore de la taille d'un cheval, se nourrissait de dinosaures. Il déchiquetait leur chair avec ses dents en forme de couteau.

Les premiers dinosaures carnivores chassaient des lézards.

Liens Internet

Les réponses aux questions les plus fréquemment posées sur les dinosaures. Pour le lien vers ce site, connecte-toi sur : **www.usborne-quicklinks.com/fr**

Les premiers herbivores

D'autres dinosaures se nourrissaient de végétaux. Ils étaient plus grands que les carnivores et vivaient en groupe, ou troupeau. Bien que quadrupèdes, ils se dressaient sur leurs pattes postérieures pour brouter les feuilles au sommet des arbres.

Plateosaurus est l'un des premiers dinosaures herbivores. Du bout du nez à la queue, il était long comme quatre personnes allongées en enfilade.

De puissants reptiles

Bientôt apparurent de nombreuses espèces de dinosaures. Les plus grands étaient énormes et puissants. Pendant 160 millions d'années, ce furent les animaux les plus forts et les plus rapides de la Terre.

Les dinosaures prédateurs

Il existait plusieurs espèces de dinosaures carnivores. Certains étaient gigantesques, d'autres pas plus gros qu'un chat. Tous bipèdes, c'étaient d'habiles prédateurs.

★

Compsognathus était un des plus petits carnivores. Il mangeait des insectes et d'autres animaux minuscules.

Les mâchoires de Spinosaurus étaient allongées comme celles d'un crocodile. Il pêchait peut-être des poissons dans les rivières.

Rapide et meurtrier

L'un des prédateurs les plus féroces était Coelophysis, un dinosaure qui courait très vite, grâce à son corps mince et à ses os très légers.

Coelophysis attaquait ses ennemis en fonçant sur eux. Il les déchiquetait de ses griffes et de ses dents meurtrières.

Griffes allongées

Couvaison

Un carnivore appelé Oviraptor couvait ses œufs comme un oiseau. Il les maintenait au chaud jusqu'à ce qu'ils éclosent. (Pour en savoir plus sur les œufs de dinosaures, va à la page 38.)

On pense que le corps d'Oviraptor était peut-être couvert d'un duvet soyeux.

Cet Oviraptor est couché sur son nid pour tenir chaud aux œufs.

Liens Internet

Une page à propos des dinosaures autruches. Pour le lien vers ce site, connecte-toi sur :
www.usborne-quicklinks.com/fr

Les dinosaures-autruches

Certains prédateurs étaient dotés d'un bec et d'un long cou. Comme ils ressemblaient un peu à de gros oiseaux, on les a surnommés les dinosaures-autruches. Ces coureurs rapides se nourrissaient de lézards et d'insectes.

Les dinosaures-autruches couraient beaucoup plus vite que les athlètes les plus rapides d'aujourd'hui.

Les dinosaures-autruches n'étaient pas aussi féroces que les autres carnivores, mais ils pouvaient facilement échapper aux grands dinosaures.

Pattes postérieures puissantes adaptées à la course.

★

Leur longue queue permettait aux dinosaures de s'équilibrer pendant la course.

Les dromaeosaures

Les dromaeosaures carnivores étaient parmi les carnivores les plus féroces, parfois appelés raptors. Plus petits que les autres carnivores, c'étaient néanmoins des tueurs meurtriers.

Cet énorme dromaeosaure appelé Utahraptor était plus gros qu'un rhinocéros.

Des machines à tuer

Les dromaeosaures possédaient d'énormes griffes tranchantes et de grandes dents pointues. Ces coureurs rapides, intelligents et doués d'une bonne vue étaient très dangereux.

Les dromaeosaures chassaient en meute. Ces vélociraptors attaquent un grand dinosaure herbivore appelé Tenontosaurus.

Les dromaeosaures se cramponnent à leur proie avec leurs griffes.

Velociraptor possédait une griffe énorme sur chaque pied.

Bonds meurtriers

Selon les scientifiques, les dromaeosaures poursuivaient leur victime, avant de lui sauter dessus. Ils atterrissaient, pattes tendues, sur leur proie, puis lui enfonçaient les griffes dans le corps.

Avant les oiseaux ?

La plupart des dinosaures avaient la peau écailleuse, mais il se peut que certains dromaeosaures aient été couverts d'un court duvet, d'autres, peut-être même, de plumes. Les premiers oiseaux descendent sans doute de ces dromaeosaures à plumes.

Sinornithosaurus. Ce dromaeosaure à plumes bondit sur sa proie.

Les dinosaures à plumes comme celui-ci ne volaient pas.

Liens Internet

D'autres informations sur Velociraptor. Pour le lien vers ce site, connecte-toi sur : **www.usborne-quicklinks.com/fr**

Les premiers oiseaux

Certaines espèces de dinosaures à plumes se sont mis à voler. Ce sont les ancêtres des premiers oiseaux. Petit à petit, ils ont évolué pour devenir ceux que nous connaissons aujourd'hui.

Des dinosaures à plumes

Certains petits dinosaures ressemblaient beaucoup à des oiseaux. Ils avaient des plumes sur le corps, les bras et la queue, mais ne volaient pas.

Dinosaure à plumes appelé Caudipteryx.

Apprendre à voler

La transformation des dinosaures en oiseaux a duré des millions d'années. Personne ne sait comment ils ont commencé à voler. Voici une suggestion.

Les premiers dinosaures à plumes ont grimpé dans les arbres puis se sont lancés de branche en branche.

Leur plumage étant devenu plus fourni, ils se sont mis à planer d'arbre en arbre à l'aide de leurs ailes.

Les premiers oiseaux volaient en battant de leurs ailes à plumes.

Archaeopteryx, le premier oiseau

L'ancêtre des oiseaux

Le premier oiseau connu s'appelle Archaeopteryx. Comme un oiseau, il avait de longues plumes et des ailes, mais comme un dinosaure, il possédait des dents et de grandes griffes. Il attrapait les insectes en volant.

Dents pointues pour piéger les insectes.

La longue queue d'Archaeopteryx l'aidait à s'équilibrer dans l'air.

Archaeopteryx grimpait aux arbres en s'agrippant avec les griffes de ses ailes. Puis il se lançait dans l'air.

Roche dans laquelle sont préservés les vestiges d'un Archaeopteryx. Vois-tu les plumes de ses ailes ?

Liens Internet

Un dossier intéressant sur Archaeopteryx, l'ancêtre des oiseaux. Pour le lien vers ce site, connecte-toi sur : **www.usborne-quicklinks.com/fr**

Tyrannosaurus

Les tyrannosaures étaient des dinosaures carnivores. Ces animaux gigantesques étaient bipèdes. Le plus grand de tous, Tyrannosaurus, était plus gros qu'un éléphant.

Des mâchoires géantes

La morsure de Tyrannosaurus était plus puissante que celle de tout autre animal terrestre actuel. Ses énormes mâchoires étaient hérissées de dents semblables à des poignards.

Les tyrannosaures se battaient parfois entre eux.

Pattes postérieures longues et puissantes pour foncer sur ses ennemis.

Liens Internet

Enquête : Tyrannosaurus était-il vraiment une bête de course ? Pour le lien vers ce site, connecte-toi sur : **www.usborne-quicklinks.com/fr**

En embuscade

Étant donné son poids, Tyrannosaurus ne courait pas très vite lorsqu'il chassait. Aussi, il attaquait les autres dinosaures par surprise. Il se cachait sans bruit, puis fonçait sur eux, la mâchoire grande ouverte.

★

Outre des proies vivantes, Tyrannosaurus se nourrissait également de charognes.

Petits bras armés de griffes acérées.

De tout petits bras

Les bras de Tyrannosaurus étaient très courts, ce qui a toujours intrigué les scientifiques. Comme ils étaient trop petits pour atteindre sa bouche, il ne s'en servait pas pour manger. Personne ne sait vraiment quelle était leur fonction.

Quand un tyrannosaure en tuait un autre, le vainqueur dévorait parfois une partie de son ennemi.

Les dinosaures géants

Les plus grands animaux terrestres de tous les temps sont des dinosaures appelés sauropodes. Ces énormes herbivores étaient quadrupèdes.

Des colosses

Les plus petits sauropodes n'étaient pas plus grands qu'une voiture, mais d'autres étaient énormes. Argentinosaurus, la plus grande espèce connue, atteignait la longueur de deux courts de tennis bout à bout.

Les sauropodes avaient une petite tête et un très long cou qui leur permettait d'atteindre les feuilles des grands arbres.

Il fallait que leurs pattes soient puissantes pour supporter le poids de leur corps immense.

En piétinant végétaux et arbres, ils les enfouissaient dans le sol.

Ensemble

Les sauropodes étaient des animaux grégaires, c'est-à-dire qu'ils vivaient en troupeaux. Quand ils se déplaçaient, leurs petits se mettaient au milieu du groupe. Les adultes les encerclaient pour les protéger des dinosaures carnivores.

Liens Internet

Des fiches sur d'autres sauropodes. Pour le lien vers ce site, connecte-toi sur : **www.usborne-quicklinks.com/fr**

Des pierres dans l'estomac

Avec leurs dents émoussées, les sauropodes ne parvenaient pas à mâcher la nourriture correctement. Ils avalaient donc de petites pierres qui, secouées dans leur estomac, malaxaient ce qu'ils avaient avalé.

Les dinosaures à bec de canard

Certains dinosaures, appelés hadrosaures, possédaient un bec aplati. Cela leur a valu le surnom de dinosaures à bec de canard.

Les hadrosaures pouvaient déplacer leurs mâchoires l'une contre l'autre d'avant en arrière et latéralement. Leur mastication était donc très efficace.

Becs masticatoires

Tous les hadrosaures étaient herbivores. Avec leur bec dur et acéré, ils déchiquetaient les plantes les plus coriaces. Leurs mâchoires puissantes étaient armées d'une multitude de dents minuscules pouvant atteindre les 2 000.

Une crête incroyable

De nombreux hadrosaures arboraient une crête sur la tête. Chez certains d'entre eux, elle était creuse. Il se peut qu'en soufflant dedans, ils aient produit un bruit retentissant.

Cet hadrosaure a repéré des prédateurs : il prévient le reste du troupeau par un bruit tonitruant.

Prédateurs s'approchant sans bruit d'un troupeau d'hadrosaures.

Des soins attentifs

Les troupeaux d'hadrosaures revenaient chaque année pondre leurs œufs exactement au même endroit. Après l'éclosion, la mère s'occupait des petits avec soin et leur apportait à manger.

Liens Internet

Des schémas de crânes de divers hadrosaures. Pour le lien vers ce site, connecte-toi sur : **www.usborne-quicklinks.com/fr**

Cette mère Maiasaura, un hadrosaure, s'occupe de ses petits encore au nid.

Les nids d'hadrosaures contenaient jusqu'à 20 œufs.

Le nid est en terre.

Jeunes hadrosaures. Ils font à peu près la taille d'une poule.

Les dinosaures à cornes

Les cératopsiens étaient d’normes dinosaures herbivores, à la tête armée de cornes. Leur cou et leurs épaules étaient protégés par une collerette osseuse arrondie.

Cornes et collerettes

Les cératopsiens se servaient de leurs cornes pointues et de leur collerette osseuse pour se défendre contre les dinosaures carnivores. Les mâles se battaient sans doute entre eux.

Deux cératopsiens en combat

Dissuasion

Les cératopsiens défendaient peut-être leurs petits en formant un cercle autour d’eux. Ils agitaient sans doute leur tête cornue pour éloigner les dinosaures carnivores.

Troupeau de Triceratops. Les adultes entourent les petits pour les protéger.

Des tailles différentes

Il existait de nombreuses espèces de cératopsiens. Triceratops était de la taille d'un éléphant, mais certains n'étaient pas plus gros qu'un cheval.

Liens Internet

Triceratops à travers la philatélie. Pour le lien vers ce site, connecte-toi sur : **www.usborne-quicklinks.com/fr**

Les stégosaures

Les stégosaures étaient des herbivores de grande taille. Ils avaient le dos hérissé de plusieurs plaques osseuses.

Plaques et pointes

Les plaques pointues du stégosaure le protégeaient des dinosaures carnivores. Il avait également de longues pointes acérées sur la queue, qu'il balançait de droite à gauche pour effrayer les attaquants.

Stegosaurus, le plus grand des stégosaures.

Liens Internet

Un clip vidéo : Stegosaurus en marche ! Pour le lien vers ce site, connecte-toi sur : **www.usborne-quicklinks.com/fr**

La forme de chaque plaque était légèrement différente.

Lents et peu intelligents

Grands et lourds, les stégosaures se déplaçaient lentement. De plus, ils avaient un tout petit cerveau. Alors que leur corps était presque aussi grand qu'un autobus, leur cerveau était de la taille d'une balle de ping-pong.

Taille du cerveau d'un stégosaure par rapport à celle de son corps

Un système de chauffage

Les plaques du stégosaure lui servaient peut-être à se réchauffer. Quand il avait froid, il se tenait les plaques face au soleil. Celles-ci en absorbaient la chaleur, qui se diffusait dans tout le corps.

Ces stégosaures se réchauffent au soleil.

Les pachycéphalosaures

Le dessus de la tête des pachycéphalosaures, des dinosaures herbivores, formait une espèce de dôme osseux épais. Les mâles se battaient parfois entre eux.

Le dos de ces dinosaures était puissant, ce qui empêchait leurs os de se briser quand ils se jetaient l'un sur l'autre.

Pachycephalosaurus était l'espèce la plus grande de cette famille de dinosaures. En voici deux en train de se battre.

Leur queue raide et droite les aidait à s'équilibrer durant la course.

Pattes puissantes et musclées

Coups de tête

Les pachycéphalosaures vivaient en grands groupes, ou troupeaux. Les mâles se battaient pour la domination du troupeau. Ils se précipitaient l'un sur l'autre et se cognaient la tête jusqu'à ce que le plus faible abandonne.

Des dômes dangereux

Les pachycéphalosaures se servaient de leur dôme osseux pour se défendre des dinosaures carnivores. Ils fonçaient sur eux tête baissée et les heurtaient violemment.

Un pachycéphalosaure chargeant un Carnotaurus carnivore.

Dôme osseux

Le dôme qui protégeait le crâne de Pachycephalosaurus était 40 fois plus épais que le crâne d'un être humain.

La tête de Stygimoloch était entièrement couverte de petites cornes et de bosses.

Stygimoloch, un pachycéphalosaure, avait la tête armée de longues cornes à l'arrière.

Les dinosaures à pointes

Le corps des ankylosaures était revêtu de nombreuses pointes et plaques osseuses dures, qui les protégeaient des dinosaures carnivores.

Le dos des ankylosaures était entièrement couvert de plaques d'os massif.

Bien protégés

Les ankylosaures étaient lourds et se déplaçaient lentement, mais comme ils étaient bien protégés, ils n'avaient pas à craindre les carnivores. Leur seul point faible était leur ventre mou.

Ankylosaurus, le plus gros des ankylosaures, cerné par une meute de dromaeosaures carnivores.

Liens Internet

Les moyens de défense de divers dinosaures. Pour le lien vers ce site, connecte-toi sur : **www.usborne-quicklinks.com/fr**

Terrible queue

Certains ankylosaures avaient un énorme renflement osseux au bout de la queue. Ils s'en servaient comme d'une massue pour frapper les dinosaures carnivores.

Un Tyrannosaurus aux prises avec un ankylosaure de l'espèce Euoplocephalus ★

Avec sa queue, Euoplocephalus était capable de fracasser les os d'un dinosaure.

Ankylosaurus se tapit par terre pour protéger son ventre mou.

Les bébés dinosaures

Les bébés dinosaures se développaient dans des œufs pondus par leur mère. Quand ils étaient assez grands pour survivre à l'extérieur, ils brisaient la coquille pour en sortir. C'est ce qu'on appelle l'éclosion.

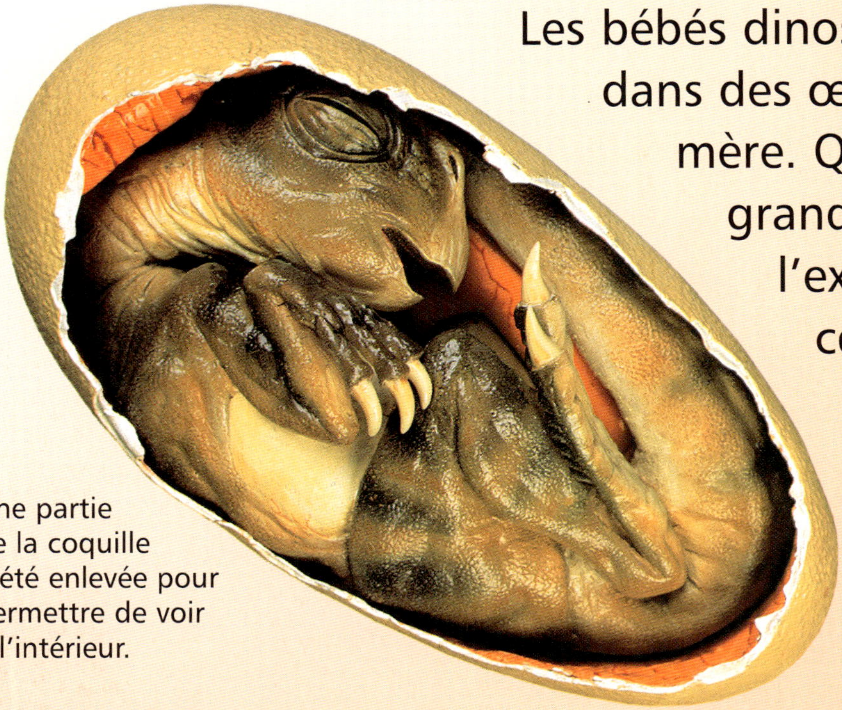

Une partie de la coquille a été enlevée pour permettre de voir à l'intérieur.

Un bébé dinosaure dans son œuf. Il n'est pas encore assez grand pour en sortir.

Le nid

Les dinosaures faisaient un nid pour mettre leurs œufs à l'abri et au chaud. Ils construisaient un monticule de terre et déposaient leurs œufs au sommet dans un trou. Ils les recouvraient de feuilles pour les protéger du froid jusqu'à ce que les bébés sortent.

L'éclosion

La coquille des œufs de certains dinosaures était dix fois plus épaisse que celle d'un œuf de poule. Pour sortir, le bébé la brisait à l'aide d'une dent spéciale.

Ces bébés Orodromeus viennent d'éclore. On voit les feuilles qui recouvraient le nid.

La croissance

Les bébés dinosaures, même des espèces les plus grandes, étaient assez petits, parfois 200 fois plus petits que leurs parents. Les scientifiques ne savent pas vraiment à quelle vitesse ils grandissaient. Certains mettaient peut-être jusqu'à 20 ans pour atteindre leur taille adulte.

Jeune sauropode avec sa mère. Les parents étaient gigantesques, mais les bébés n'étaient pas plus gros qu'un chat.

Liens Internet

Pour en savoir plus sur la reproduction des dinosaures. Pour le lien vers ce site, connecte-toi sur : **www.usborne-quicklinks.com/fr**

Les reptiles marins

À l'époque où les dinosaures peuplaient la terre ferme, d'autres reptiles préhistoriques vivaient dans les mers.

Reptile marin appelé plésiosaure

Cous et nageoires

Les plésiosaures étaient de grands reptiles marins à long cou, dotés de quatre nageoires en forme de rame. Pour se déplacer, ils bougeaient lentement leurs nageoires de haut en bas comme des ailes.

Liopleurodon était un gigantesque pliosaure. Aucun autre animal avec des mâchoires aussi grandes n'a jamais existé.

Des monstres

Les pliosaures étaient les plus grands reptiles marins. Prédateurs gigantesques, ils avaient d'énormes mâchoires aux dents meurtrières.

Pour respirer

La plupart des animaux marins respirent sous l'eau, mais les reptiles marins avaient besoin d'air pour survivre. De temps en temps, ils remontaient à la surface prendre une bouffée d'air.

Ce plésiosaure sort la tête de l'eau pour respirer.

Liens Internet

Une rubrique sur les reptiles marins préhistoriques, avec quelques clips vidéo. Pour le lien vers ce site, connecte-toi sur : **www.usborne-quicklinks.com/fr**

Nageurs chevronnés

Les ichtyosaures étaient des reptiles marins semblables aux dauphins. Ils évoluaient gracieusement et rapidement dans l'eau. Ils se déplaçaient en battant la queue de droite à gauche.

Museau long et effilé

Les ichtyosaures se dirigeaient dans l'eau à l'aide de leurs nageoires.

À côté des reptiles marins, il y avait de nombreux animaux à coquille, dont cette ammonite.

Peloneustes, un pliosaure, plongeait dans les profondeurs.

Les reptiles volants

Les ptérosaures étaient des reptiles ailés. Ils vivaient à la même époque que les dinosaures.

Des formes variées

Les ptérosaures possédaient de grandes membranes de peau en forme d'aile et un corps velu. Chez certains, la queue était longue et osseuse, chez d'autres, courte. Les plus petits étaient de la taille d'un canard, les plus grands, de celle d'un petit avion.

Les ailes des ptérosaures étaient rattachées à leurs bras ainsi qu'à leur corps.

La queue de Pterodactylus était courte. Il pouvait ainsi virevolter dans l'air pour attraper des insectes.

Pterodaustro avait des dents très fines, comme les poils d'une brosse. Il mangeait de tout petits organismes marins qu'il ramassait dans l'eau avec son bec et retenait entre ses dents.

Des os creux

Les os des ptérosaures étaient creux et extrêmement légers. Même les plus gros d'entre eux pouvaient donc s'élever dans les airs et s'y maintenir.

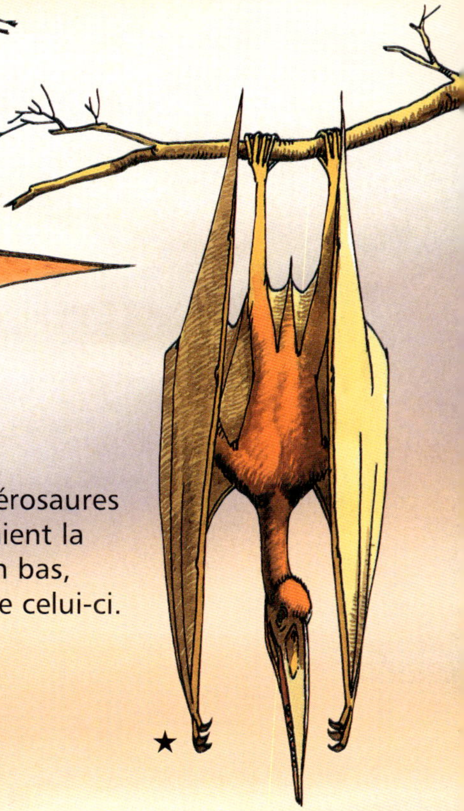

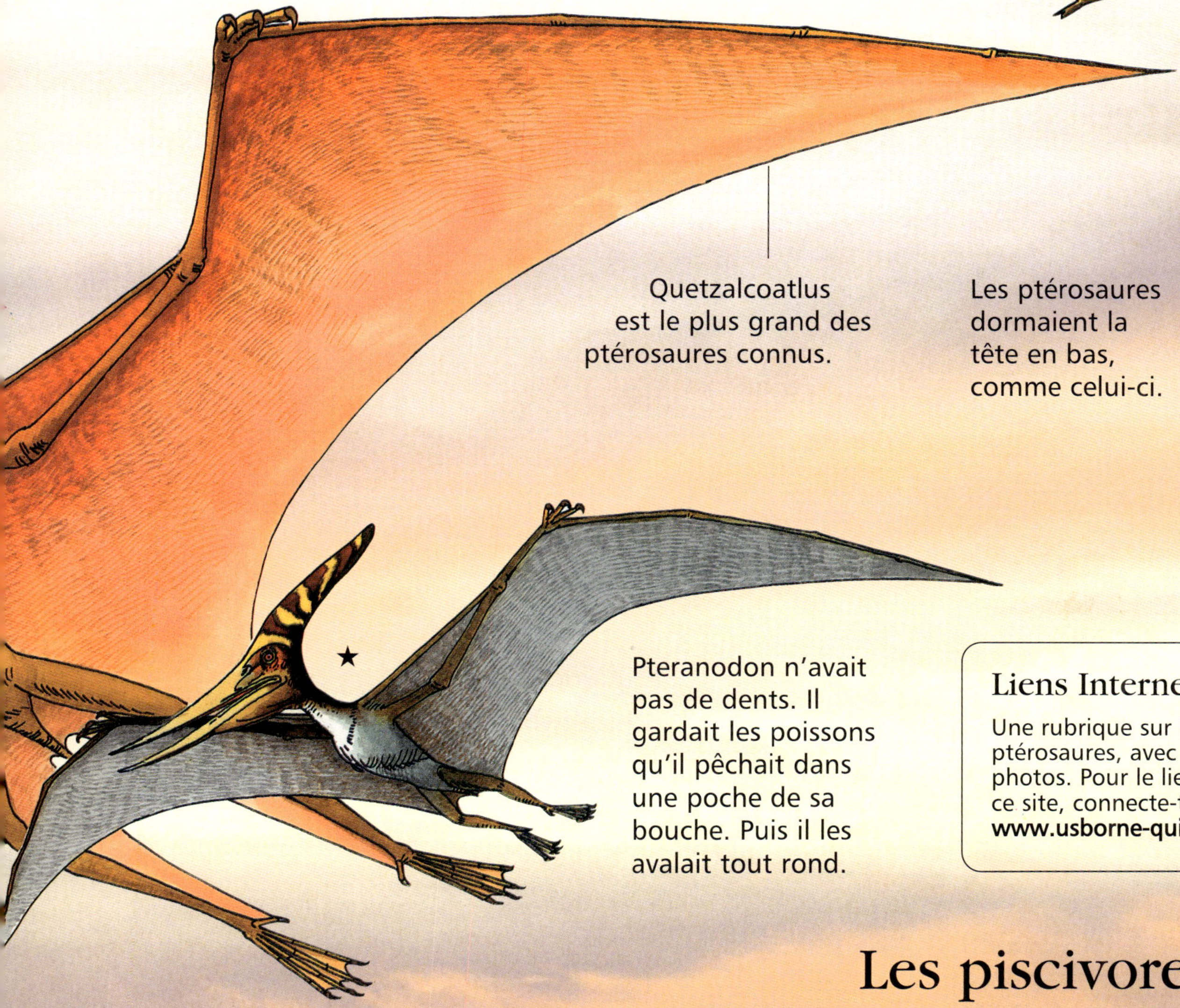

Quetzalcoatlus est le plus grand des ptérosaures connus.

Les ptérosaures dormaient la tête en bas, comme celui-ci.

Pteranodon n'avait pas de dents. Il gardait les poissons qu'il pêchait dans une poche de sa bouche. Puis il les avalait tout rond.

Liens Internet

Une rubrique sur les ptérosaures, avec des photos. Pour le lien vers ce site, connecte-toi sur : **www.usborne-quicklinks.com/fr**

Les piscivores

De nombreux ptérosaures se nourrissaient d'insectes, mais certains attrapaient des poissons et d'autres animaux marins. Ils descendaient en piqué pour saisir les poissons dans l'eau.

La longue queue de Rhamphorhynchus l'aidait à se stabiliser.

La disparition des dinosaures

Il y a environ 65 millions d'années, tous les dinosaures ont disparu. Les reptiles volants et la plupart des reptiles marins aussi. Comment cela s'est-il produit ?

Une roche dévastatrice

Il y a 65 millions d'années, une météorite, une roche gigantesque venue de l'espace, s'est écrasée sur la Terre. Elle était de la taille d'une petite ville. La plupart des scientifiques pensent que c'est elle qui a causé la disparition des dinosaures.

En s'écrasant, la météorite a produit une gigantesque explosion. En voici une représentation possible.

Nuages de poussière

La météorite a éclaté en de minuscules morceaux. Pendant des mois, le globe terrestre a été entouré de nuages de poussière, qui ont caché la lumière et la chaleur du soleil. Les animaux ont eu du mal à survivre dans le froid et l'obscurité.

Voici ce qui s'est peut-être produit après la chute de la météorite.

L'air était saturé de poussière. Il était difficile de respirer.

Les volcans

En même temps, dans différentes parties du monde, de nombreux volcans ont déversé de la lave chauffée au rouge (roche liquide) sur la Terre. Ils ont également éjecté des gaz toxiques dans l'air. La vie sur Terre est devenue encore plus difficile.

Tu vois ici de la lave qui se déverse d'un volcan. Elle carbonise tout ce qu'elle touche.

Liens Internet

Enquête sur la disparition des dinosaures : un dossier passionnant. Pour le lien vers ce site, connecte-toi sur : **www.usborne-quicklinks.com/fr**

D'étranges survivants

Tous les animaux n'ont pas disparu il y a 65 millions d'années. Les lézards, serpents, oiseaux et bien d'autres petits animaux ont survécu. On ignore pourquoi.

Des petits animaux à fourrure appelés mammifères ont aussi survécu. Ce mammifère est un rat.

Des morceaux de roche ont volé dans les airs.

La météorite a fait trembler la terre. Des fissures profondes se sont ouvertes dans le sol.

Premiers mammifères

À l'époque des dinosaures, un groupe d'animaux appelés mammifères vivait aussi sur la Terre. Après l'extinction des dinosaures, de nouvelles espèces de mammifères ont fait leur apparition. Lentement, elles se sont répandues dans le monde entier.

★ Ptilodus, un des premiers mammifères, ressemblait à un écureuil.

Platybelodon, un mammifère préhistorique

Qu'est-ce qu'un mammifère ?

Les mammifères allaitent leurs petits. Ils ont le sang chaud. Ils produisent donc leur propre chaleur, ce qui leur évite d'avoir trop froid quand il fait mauvais. La plupart des mammifères ont un pelage. Chevaux, chats et êtres humains sont des mammifères.

La lionne ci-dessous allaite ses petits.

★

Une grande diversité

Il existait de nombreuses sortes de mammifères préhistoriques. Certains mangeaient des végétaux et d'autres chassaient. La plupart vivaient au sol, mais certains grimpaient dans les arbres et d'autres volaient dans les airs. D'autres encore vivaient dans les océans.

★ Smilodectes était un petit mammifère qui grimpait aux arbres.

★ Icaronycteris est une des premières chauves-souris.

Platybelodon, une sorte d'éléphant, possédait une trompe large et aplatie.

Défense pointue

Dents en forme de pelle pour ramasser la nourriture.

Liens Internet

Mammifères préhistoriques et actuels : comparaison. Pour le lien vers ce site, connecte-toi sur : **www.usborne-quicklinks.com/fr**

Encore des mammifères

Certains mammifères préhistoriques étaient des carnivores qui chassaient les autres animaux. D'autres étaient herbivores.

★ Smilodon ressemblait à un tigre. Il avait deux grandes dents.

Des prédateurs

Beaucoup de mammifères carnivores ressemblaient un peu aux chiens, renards et félins actuels. Rapides et rusés, ils avaient également une vue perçante. Ils déchiquetaient la chair grâce à leurs longues dents pointues et à leurs griffes acérées.

En meute

Les premiers loups et autres canidés chassaient en grands groupes, ou meutes. Ils pouvaient donc tuer des animaux beaucoup plus gros qu'eux.

Ces loups attaquent un des premiers dromadaires, Titanotylopus.

Ce dromadaire était plus grand que ceux d'aujourd'hui.

Les loups le cernent et s'en rapprochent lentement.

Moyens de défense

Les mammifères herbivores avaient des moyens différents de se défendre contre les prédateurs.

Certains avaient la tête armée de cornes pointues. D'autres, avec leurs longues pattes, couraient vite et pouvaient donc échapper aux carnivores. Ils vivaient souvent en grands troupeaux pour se protéger les uns les autres.

Brontotherium, un herbivore, possédait d'énormes cornes sur le nez.

Les antilopes étaient herbivores. Ce troupeau d'antilopes fuit devant un félin.

Cornes pointues pour repousser les prédateurs.

Grâce à leurs longues pattes, les antilopes pouvaient échapper aux prédateurs.

Les mammifères d’Amérique du Sud

Aujourd’hui, l’Amérique du Nord et l’Amérique du Sud sont reliées mais il y a des millions d’années, cette dernière était une île. Certains des mammifères qui y vivaient ne ressemblaient en rien aux animaux des autres parties du monde.

Liens Internet

Une page sur Macrauchenia. Pour le lien vers ce site, connecte-toi sur :
www.usborne-quicklinks.com/fr

Toxodon ressemblait à un hippopotame velu.

★ Argyrolagus ressemblait à un rat. Il transportait ses petits dans une poche, comme un kangourou.

Macrauchenia ressemblait à un dromadaire doté d’une trompe.

Lents et paresseux

Parmi les mammifères étranges d'Amérique du Sud se trouvaient les paresseux. Ces herbivores à fourrure longue et épaisse se déplaçaient très lentement. Comme ils ne pouvaient pas échapper aux carnivores, ils avaient de grosses griffes acérées pour se défendre.

À gauche, Megatherium, un paresseux deux fois plus gros qu'un hippopotame

Paresseux d'Amérique du Sud actuel. Aujourd'hui, ces animaux passent presque tout leur temps dans les arbres.

Un dôme osseux

Les glyptodontes étaient des herbivores dont le corps était recouvert d'un épais dôme osseux. Celui-ci les protégeait contre les carnivores.

Doedicurus, un glyptodonte, était de la taille d'une petite voiture.

Il se défendait contre les carnivores avec sa queue armée de pointes.

★

Les mammifères des périodes glaciaires

Durant une période glaciaire, le temps se refroidit dans le monde entier. La Terre se couvre alors en partie d'épaisses couches de glace. Cela s'est produit plusieurs fois depuis la formation de la Terre.

Le rhinocéros laineux vivait durant la dernière période glaciaire. Il était doté d'une fourrure longue et épaisse.

L'adaptation au froid

La dernière période glaciaire a commencé il y a 100 000 ans. Un grand nombre de mammifères sont venus se réfugier dans les régions plus clémentes. Le pelage de ceux qui sont restés dans les régions froides s'est beaucoup épaissi pour leur tenir chaud.

Quelques-uns des mammifères qui vivaient durant la dernière période glaciaire.

Le renard arctique était un prédateur. Avec sa fourrure blanche, il était moins visible dans la neige.

★

Les rennes vivaient en grands troupeaux. Ils se défendaient contre les carnivores avec les cornes.

★ Lièvre arctique

Le mammouth laineux était un éléphant au corps revêtu d'une fourrure épaisse.

Avec leurs défenses, les mammouths déblayaient la neige pour trouver à manger.

Liens Internet

Le mammouth de la tête aux pieds. Pour le lien vers ce site, connecte-toi sur :
www.usborne-quicklinks.com/fr

Des vents glacials soulevaient des tempêtes de neige dans les plaines gelées.

Après la dernière période glaciaire

La dernière période glaciaire s'est terminée il y a environ 10 000 ans. À cette époque, beaucoup d'animaux ont disparu. Les scientifiques pensent que le réchauffement du climat leur a rendu la vie trop difficile. Les mammouths et les rhinocéros laineux ont aussi été tués en masse par les hommes préhistoriques.

Les premiers hommes

Les hommes ne sont apparus sur la Terre que relativement récemment. Mais d'où viennent-ils ?

Sur deux pieds

Il y a plus de 5 millions d'années, en Afrique, des grands singes se sont mis à marcher sur deux pattes. Ils ont évolué très lentement pour devenir les premiers hommes.

Australopithecus, un grand singe qui marchait sur deux pieds. Avec ses mâchoires puissantes, il se nourrissait d'herbe et de racines coriaces.

Transformation

Avec leurs fortes mâchoires et leur corps revêtu d'une épaisse fourrure, les premiers hommes ressemblaient encore beaucoup au singe. Lentement, ce pelage s'est éclairci et leur cerveau s'est développé. Petit à petit, ils ont appris à fabriquer des outils en pierre, à allumer des feux et à parler entre eux.

Cette scène illustre la vie que menaient les premiers hommes, il y a environ 2 millions d'années.

Ces hommes rapportent des animaux qu'ils ont tués.

Ils pêchaient avec des harpons en bois.

Ils cueillaient des fruits.

Nos ancêtres

Nos ancêtres les plus proches sont apparus sur la Terre il y a 150 000 ans. Ils se déplaçaient sans cesse à la recherche d'animaux à chasser et de plantes à cueillir.

Ils peignaient des animaux sur les parois des grottes, comme ce cheval dans une grotte en France.

Pour chasser les cervidés et d'autres animaux, ils utilisaient lances et pierres.

Le feu servait à cuire la viande et à se réchauffer.

Ces hommes fabriquaient des couteaux rudimentaires en taillant des pierres.

Liens Internet

Une animation montrant les différents stades de l'évolution des premiers hommes. Pour le lien vers ce site, connecte-toi sur : **www.usborne-quicklinks.com/fr**

Les premiers cultivateurs

Il y a environ 10 000 ans, les hommes ont cessé de se déplacer et se sont mis à cultiver la terre et à élever des animaux. Ils se sont fixés sur les terres cultivées et les premiers villages sont apparus.

Les fossiles révélateurs

Presque tout ce que nous savons sur la vie préhistorique nous vient de fossiles. Les fossiles sont des fragments d'animaux et de végétaux morts qui ont été préservés sous la terre.

Fossile d'un animal marin appelé ammonite.

Qu'est-ce qu'un fossile ?

Quand un animal meurt, il se décompose et disparaît. Quelquefois, cependant, des parties de l'animal durcissent et se fossilisent. Voici comment.

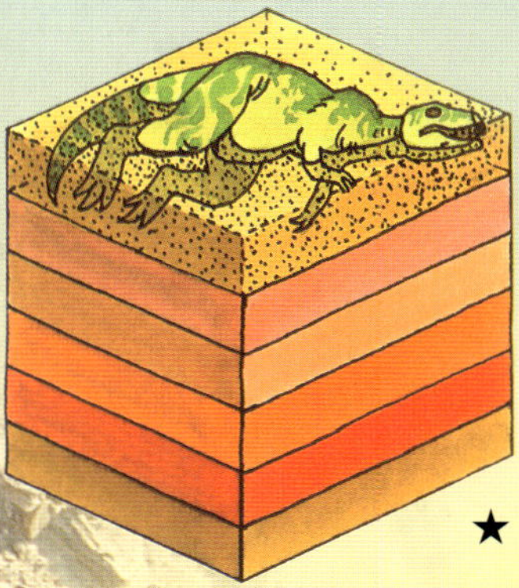

Après la mort d'un animal, les parties molles de son corps pourrissent. Son squelette disparaît sous des couches de boue.

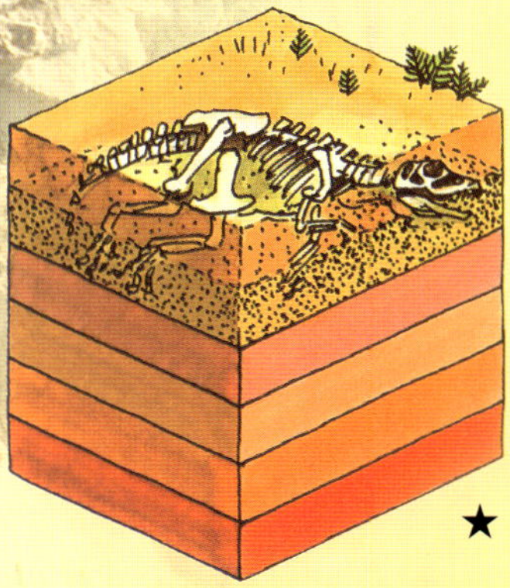

Peu à peu, la boue se transforme en pierre. Les substances chimiques de la pierre s'infiltrent dans les trous minuscules dont sont percés les os de l'animal.

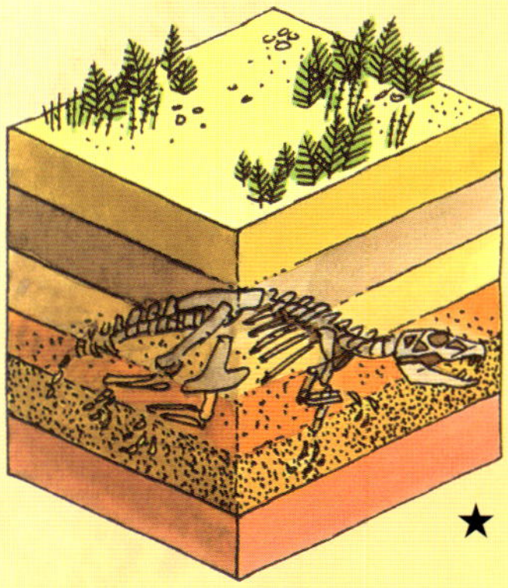

Ces substances durcissent lentement dans les os. Petit à petit, le squelette se transforme en un fossile.

Ce scientifique dégage la roche avec soin pour examiner un fossile enfoui dedans. Vois-tu les dents du dinosaure ?

Reconstitution

Quand des scientifiques trouvent les os fossilisés d'un animal, ils peuvent les assembler pour recréer son squelette. Cela leur permet de connaître la taille et la forme de son corps. Ils peuvent ainsi se faire une idée de l'aspect de l'animal, même s'il manque des os.

Squelette d'un dinosaure carnivore appelé Deinonychus.

Liens Internet

Pour en savoir plus sur les fossiles et faire un jeu. Pour le lien vers ce site, connecte-toi sur :
www.usborne-quicklinks.com/fr

Autres fossiles

Il arrive parfois que les parties molles d'un animal préhistorique, peau et muscles, soient préservées en même temps que les os. Des empreintes laissées par des dinosaures dans la boue ont aussi été préservées quand la boue s'est solidifiée. On a même trouvé des excréments fossilisés de dinosaures, qui ont permis de savoir ce qu'ils mangeaient.

Stégosaure et son petit avançant dans la boue. Ils laissent des empreintes derrière eux.

Nouvelles découvertes

Bien que les dinosaures aient disparu il y a des millions d'années, les connaissances à leur sujet continuent de s'accumuler. Les scientifiques du monde entier trouvent constamment de nouveaux fossiles.

Quatre ailes à plumes

En 2002, des scientifiques chinois ont découvert le fossile d'un curieux animal. C'était un petit dinosaure à plumes doté de quatre ailes. Il s'en servait peut-être pour planer de branche en branche.

Ce dinosaure à quatre ailes s'appelle Microraptor.

Liens Internet

Une fiche qui décrit les étapes de la reconstitution d'un dinosaure. Pour le lien vers ce site, connecte-toi sur : **www.usborne-quicklinks.com/fr**

Des dents de lapin

La plupart des dinosaures bipèdes étaient de féroces carnivores aux dents tranchantes. Mais en 2002, on a découvert le fossile d'un dinosaure bipède bien différent. Il possédait de grosses dents émoussées comme celles d'un lapin et se nourrissait peut-être de végétaux.

Incisivosaurus avait peut-être le corps et les bras couverts de plumes.

Incisivosaurus, un dinosaure bipède aux dents arrondies comme celles d'un lapin

Des robots de dinosaures

Il existe de nombreuses méthodes pour mieux comprendre les animaux préhistoriques. Ainsi, la construction de robots de dinosaures permet de savoir exactement quels mouvements faisaient ces animaux.

Ce robot de crâne de tyrannosaure démontre la puissance des mâchoires de l'animal.

Reconstitution

Certains robots de dinosaure sont grandeur nature. On les peint pour donner l'impression qu'ils sont en vie. On a ainsi une idée de l'aspect que pouvaient avoir les animaux préhistoriques.

Ces scientifiques sont en train de peindre un modèle robot d'un reptile appelé Dimetrodon.

Repères et records

Sur cette page, tu trouveras des informations sur les records détenus par les dinosaures et d'autres animaux préhistoriques.

Le premier dinosaure : les premiers dinosaures connus sont les carnivores Herrerasaurus et Eoraptor. Ces coureurs rapides vivaient il y a environ 230 millions d'années.

Le plus petit dinosaure : le plus petit dinosaure connu s'appelle Micropachycephalosaurus. Il mesurait 50 cm de long, soit la taille d'un chat. Il détient un autre record : celui du nom le plus long – 23 lettres.

Le dinosaure au nom le plus court : c'est un dinosaure herbivore au dos armé de plaques osseuses, dont le nom possède seulement 5 lettres – Minmi.

Le plus grand dinosaure : pour le moment, ce record revient à Argentinosaurus. Cet herbivore géant mesurait peut-être jusqu'à 50 mètres de long et dépassait donc deux autobus bout à bout.

Le plus grand dinosaure carnivore : le plus grand dinosaure carnivore découvert jusqu'à présent s'appelle Giganotosaurus. Ce prédateur massif, qui faisait plus de 12 mètres de long, dépassait ainsi Tyrannosaurus.

Le dinosaure le plus intelligent : celui dont le cerveau était le plus gros par rapport à son corps était un carnivore véloce appelé Troodon. Les carnivores étaient plus intelligents que les herbivores.

Le dinosaure le moins intelligent : le dinosaure au cerveau le plus petit par rapport à son corps était Apatosaurus, l'un des gigantesques sauropodes herbivores.

Le dinosaure le plus vieux : les sauropodes de grande taille, par exemple Apatosaurus ou bien Brachiosaurus, vivaient sans doute jusqu'à une centaine d'années.

Le dinosaure le plus rapide : c'était peut-être un dinosaure-autruche appelé Gallimimus. On pense qu'il courait probablement à la vitesse d'une autruche actuelle, soit 56 km/h.

La queue la plus longue : la palme en revient sans doute à un sauropode appelé Diplodocus. Semblable à un fouet, elle mesurait 13 mètres.

Le cou le plus long : c'est Mamenchisaurus qui détient ce record. Son cou mesurait 15 mètres de long.

La tête la plus grosse : Torosaurus, un dinosaure herbivore à cornes, possédait le crâne le plus gros de tous les animaux terrestres. Sa tête faisait près de 3 mètres de long. Dressée sur le sol, elle dépasserait une personne.

Les griffes les plus longues : cette distinction revient à Therizinosaurus. Ses griffes mesuraient en effet 70 cm de long. Chose surprenante, c'était sans doute un herbivore. Personne ne sait vraiment pourquoi il possédait de telles griffes. Peut-être s'en servait-il pour se défendre contre les carnivores.

Les œufs les plus gros : ce sont les sauropodes qui les pondaient. Leurs œufs faisaient environ 30 cm de longueur, ce qui est quand même extrêmement petit par rapport à la taille gigantesque de l'adulte.

Les mâchoires les plus grandes : c'est un reptile marin appelé Liopleurodon qui mérite cette distinction. Il possédait des mâchoires de 3 mètres de long et des dents de 30 cm.

Le plus grand mammifère terrestre : c'est à Indricotherium qu'appartient cet honneur. Cet herbivore massif pesait environ le poids de quatre éléphants.

Vocabulaire de la préhistoire

Sur cette page, tu trouveras l'explication de certains des mots employés dans ce livre et dans d'autres livres sur la préhistoire.

amphibien animal qui vit en partie sur la terre, en partie dans l'eau. Les grenouilles ainsi que les crapauds sont des amphibiens.

bipède qui marche sur deux pieds.

carnivore animal qui se nourrit seulement de chair.

charognard animal qui se nourrit du cadavre d'animaux.

dinosaure reptile préhistorique. Les dinosaures ont disparu il y a 65 millions d'années.

espèce type particulier de végétal ou d'animal. Les lions sont une espèce et les tigres en sont une autre.

évolution lente transformation des choses vivantes à travers le temps.

faune ensemble des animaux d'une région ou d'une époque.

fossile restes d'un animal ou d'une plante préservés dans la roche.

fossiliser (se) se transformer en fossile.

herbivore qui se nourrit seulement de végétaux.

mammifère animal qui allaite ses petits. Les mammifères ont le sang chaud et sont en général velus. Les chiens et les êtres humains sont des mammifères.

omnivore animal qui se nourrit aussi bien de chair animale que de végétaux.

paléontologue scientifique qui étudie les fossiles pour en savoir plus sur les animaux et les végétaux préhistoriques.

période glaciaire période durant laquelle le climat de la planète se refroidit. La dernière s'est terminée il y a 10 000 ans.

reptile animal qui pond des œufs, à la peau écailleuse et au sang froid. Les lézards et les serpents sont des reptiles.

troupeau groupe d'animaux qui vivent ensemble.

Un pliosaure, reptile marin qui vivait à l'époque des dinosaures.

Index

Remerciements

Les éditions Usborne remercient les personnes et organisations suivantes de les avoir autorisées à reproduire leurs documents.

Légende
h = haut, m = milieu, b = bas, g = gauche, d = droite

Couverture (grande image) © Kokoro Company Ltd ; (fond) © Digital Vision ; (libellule) © Peter Johnson/CORBIS ; p. 5 © Joe McDonald/CORBIS ; pp. 6-7 © Mark Garlick/Science Photo Library ; p. 7 hd © Sinclair Stammers/Science Photo Library ; p. 9 (coraux) © Digital Vision ; p. 12 © Ron Holthuysen Scientific Art Studio ; p. 13 © Dr George C. McGavin/Oxford University Museum of Natural History ; p. 14 g © David A. Northcott/CORBIS ; p. 14 bd © NHPA/Daniel Heuclin ; p. 16 © 1997, Carlos Papolio ; p. 18 hg © 2003, Griffon Enterprises ; p. 18 b © Gary Staab ; p. 18 (fond) © Digital Vision ; p. 19 © Kokoro Company Ltd ; pp. 20-21 © Alan Groves ; p. 22 bg © Alan Groves ; pp. 22-23 © Oxford University Museum of Natural History ; p. 23 © James L. Amos/CORBIS ; p. 24 © Kokoro Company Ltd ; p. 25 © Kokoro Company Ltd ; pp. 24-25 (fond) © Digital Vision ; p. 28 © Kokoro Company Ltd ; p. 29 © Kokoro Company Ltd ; pp. 28-29 (fougères) © Digital Vision ; pp. 30-31 © Kokoro Company Ltd ; pp. 32-33 (stégosaures) © Kokoro Company Ltd ; p. 32-33 (fond) © Digital Vision ; p. 35 © Tous droits réservés, Image Archives, Denver Museum of Nature and Science ; pp. 36-37 (tous les dinosaures) © Kokoro Company Ltd ; pp. 36-37 (fond) © Digital Vision ; p. 38 hg © The Natural History Museum, Londres ; pp. 38-39 © The Natural History Museum, Londres ; p. 40 (Liopleurodon) © Oxford University Museum of Natural History ; p. 41 (ichtyosaure) © Ron Holthuysen Scientific Art Studio ; pp. 40-41 (fond) © Digital Vision ; pp. 42-43 (fond) © Digital Vision ; p. 44 © Digital Vision (manipulation numérique : Wychnet ICT Solutions) ; p. 45 Kevin Schafer/CORBIS ; pp. 46-47 (éléphant) © Kokoro Company Ltd ; pp. 46-47 (fond) © Digital Vision ; p. 49 Ron Holthuysen Scientific Art Studio ; p. 51 © Michael and Patricia Fogden /CORBIS ; p. 52 (rhinocéros) © Kokoro Company Ltd ; p. 53 (mammouth) © Kokoro Company Ltd ; pp. 52-53 (fond) © Digital Vision ; p. 54 © BOSSU REGIS/CORBIS SYGMA ; p. 55 © Bettmann/CORBIS ; p. 56 © Jonathan Blair/CORBIS ; p. 57 © The Natural History Museum, Londres ; pp. 58-59 (fond) © Digital Vision ; p. 59 h © Robert Caputo/AURORA ; p. 59 b © Peter Menzel, Dinamation/ Science Photo Library.

Maquette de la couverture : Neil Francis
Avec la collaboration de : Stephanie Jones
Manipulation numérique : Keith Newell, Mark Franklin, John Russell et Wychnet ICT Solutions
Autres illustrations : Ian Jackson, John Hughes et Inklink Firenze
Autres photographies : MMStudios
Rédactrice : Fiona Chandler
Autres recherches : Ruth King et Claire Masset
Directrice de la collection : Felicity Brooks
Directrice artistique : Mary Cartwright